글 마키타 준
1977년 이시카와현에서 태어나, 2018년 4월부터 히로사키대학에서 교육학부 전임 강사로 학생들을 가르치고 있습니다.
정책연구대학원대학에서 정책 연구로 박사 학위를 받았습니다. 중의원 의원 정책담당 비서, 총무대신 비서관,
신경제연맹에서 일했습니다.

그림 오카야마 다카토시
1987년 오사카에서 태어나, 지금은 교토에서 살고 있습니다. 교토세이카대학 만화학부를 졸업하고,
프리랜서 일러스트레이터로 활동하다가 2013년 주식회사 데이터크리에이션을 설립했습니다.
책과 잡지에 그림을 그리고, 초상화 제작도 하고 있습니다.

옮김 고향옥
대학과 대학원에서 일본 문학을 전공하고, 일본 나고야대학교에서 일본어와 일본 문화를 공부했습니다.
《대신 전해 드립니다》,《이게 정말 사과일까》,《있으려나 서점》,《아빠가 되었습니다만》,《유령 고양이 후쿠코》,
《컬러풀》,《일러스트 창가의 토토》 들을 비롯해 많은 어린이책과 청소년문학, 문학책을 우리말로 옮겼습니다.
《러브레터야, 부탁해》로 2016년 국제아동청소년도서협의회(IBBY) 아너리스트 번역 부문에 선정되었습니다.

키다리그림책 63
어린이 투표 체험
소중한 한 표, 누구를 뽑을까?

1판 2쇄 발행 2022년 9월 30일 | 1판 1쇄 발행 2022년 2월 7일

글 마키타 준 | 그림 오카야마 다카토시 | 옮김 고향옥 | 펴낸이 김상일 | 펴낸곳 도서출판 키다리
편집주간 위정은 | 편집 정명순, 이은경 | 디자인 송지선 | 마케팅 신성종, 장현아 | 관리 김영숙
출판등록 2004년 11월 3일 제406-2010-000095호 | 제조국 대한민국 | 사용연령 4세 이상
주소 경기도 파주시 심학산로 10
전화 031-955-9860(대표), 031-955-9861(편집) | 팩스 031-624-1601
이메일 kidaribook@naver.com | 블로그 blog.naver.com/kidaribook
ISBN 979-11-5785-551-3(77830)

PORIPORIMURA NO MINSHUSHUGI: EHONDE SENKYO O TAIKENSHIYO
by Jun Makita
Illustrated by Takatoshi Okayama
Copyright © Jun Makita, Takatoshi Okayama, 2021
All rights reserved.
Original Japanese edition published by Kamogawa-Shuppan Inc.

Korean translation copyright © 2022 by KIDARY PUBLISHING CO.
This Korean edition published by arrangement with Kamogawa-Shuppan Inc., Kyoto,
through HonnoKizuna, Inc., Tokyo, and Eric Yang Agency, Inc

• 이 책의 한국어판 저작권은 EYA(Eric Yang Agency)를 통한 저작권사와의 독점 계약으로 키다리 출판사에 있습니다.
• 저작권법에 의해 한국 내에서 보호를 받는 저작물이므로, 무단전재와 무단복제를 금합니다.
• 잘못된 책은 구매하신 곳에서 교환할 수 있습니다.

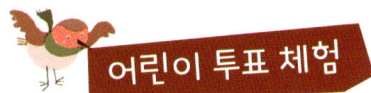

어린이 투표 체험

소중한 한 표, 누구를 뽑을까?

마키타 준 글 오카야마 다카토시 그림 고향옥 옮김

키다리

폴리폴리 마을은 멋진 마을이에요.
마을 한복판에는 아름다운 호수가 자리 잡고 있고,
높고 나직한 산들이 마을을 포근히 감싸고 있어요.
"참 멋진 곳이야!"
마을은 관광객들로 떠들썩했지요.

그런데 폴리폴리 마을에는 문제가 하나 있었어요.

겨울이 되면, 얼음 나라의 용이 호수로 날아와서 석 달쯤 머무르다 가는 거예요.

마을 동물들은 입을 모아 말했어요.

"겨울에 스키도 타고 얼음낚시도 하고 싶은데, 용 때문에 아무것도 못 해!"

"용만 없으면 겨울에도 관광객이 많이 올 텐데."

"용이 오지 못하도록 호수에 그물을 치는 건 어떨까?"

그러나 문제는 그리 간단하지가 않았어요.

"용이 떨어뜨리는 반짝반짝한 비늘이 인기가 얼마나 많은데."

"먼 나라에서 일부러 사러 오는 동물도 있는걸."

"그러면 공방을 지어서 용 비늘로 예쁜 공예품을 만들어 팔면 어떨까?"

마을 동물들의 이야기를 들은 촌장은 곰곰 생각에 잠겼어요.

잠시 뒤, 촌장은 좋은 생각이 떠올라 마을 동물들에게 말했어요.
"그물을 치는 데도, 공방을 짓는 데도 다 마을 돈을 써야 합니다.
어디에 돈을 쓸지는 촌장이 결정할 일이지요. 그런데 전 곧 물러날 예정입니다.
용을 쫓아내고 싶은 동물과 용이 계속 오길 바라는 동물이
촌장 선거에 나오면 어떨까요? 투표로 결정합시다."

"저는 마을에서 용을 쫓아내겠습니다!
그리고 스키장과 스케이트장을 만들어 겨울에도 많은 관광객들을 불러들이겠습니다.
여러분의 소중한 한 표를 저에게 주십시오!"

곰 씨가 용을 쫓아내야 한다는 편의 대표로 선거에 나왔어요.

"용 비늘은 이 마을에만 있는 보물입니다! 용을 쫓아내지 말고, 용 비늘로 공예품을 만들어 팔아서 더욱 풍요로운 마을이 되게 합시다. **여러분의 소중한 한 표를 저에게 주십시오!**"

사슴 씨는 용을 쫓아내지 말아야 한다는 편의 대표로 선거에 나왔어요.

드디어 선거일이 되었어요.

선거를 관리하는 악어 씨는 한 집 한 집 찾아다니며 투표를 했는지 물었어요.

"토끼 씨, 오늘 선거일인데, 투표했나요?"

"어, 오늘이었어요? 그만 깜빡했네요."

"오늘 선거일인데, 다들 투표했나요?"
"무얼 결정하는 투표예요? 전혀 모르고 있었네."
"마을 광장에 가면 공약을 확인해 볼 수 있어요."
"알았어요, 가서 볼게요."

"오늘 선거일인데, 투표했나요?"
"지금 놀러 가는 길이어서 아무래도 못 할 것 같아요."
"밤늦게까지 하니까 돌아와서라도 꼭 해 주세요."
"그럴게요."

마지막으로 악어 씨는 마을 끝자락에 있는 늑대 씨의 집을 찾아갔어요.
"아, 바쁘다 바빠. 매일매일 눈코 뜰 새 없이 바빠!"
"실례합니다. 늑대 씨, 잘 지냈어요? 투표는 했나요?"
"내가 투표를 왜 해! 산에서 나무를 하고, 장작을 패는 내가
용과 무슨 상관있다고."
"마을의 미래를 결정하는 선거예요. 꼭 투표해야 돼요."
"귀찮아, 관심 없대도! 썩 돌아가."
늑대 씨는 악어 씨를 쫓아 버렸어요.

수많은 마을 동물들이 투표소를 찾았어요.

자신의 한 표가 마을의 미래를 바꿀 수도 있기 때문에 모두 진지했지요.

여러분도 곰 씨와 사슴 씨 중 한쪽에 투표해 보세요. 선거 결과는 어떻게 나올까요?

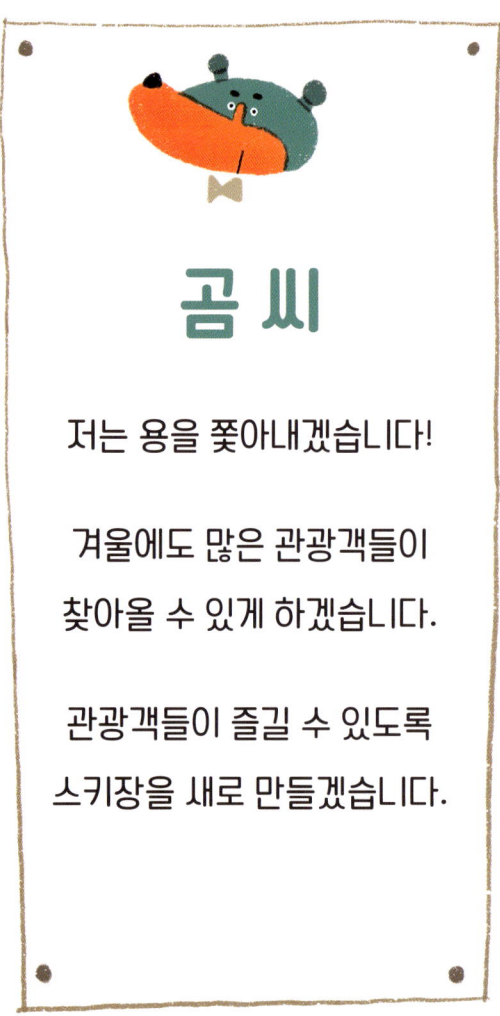

곰 씨

저는 용을 쫓아내겠습니다!

겨울에도 많은 관광객들이 찾아올 수 있게 하겠습니다.

관광객들이 즐길 수 있도록 스키장을 새로 만들겠습니다.

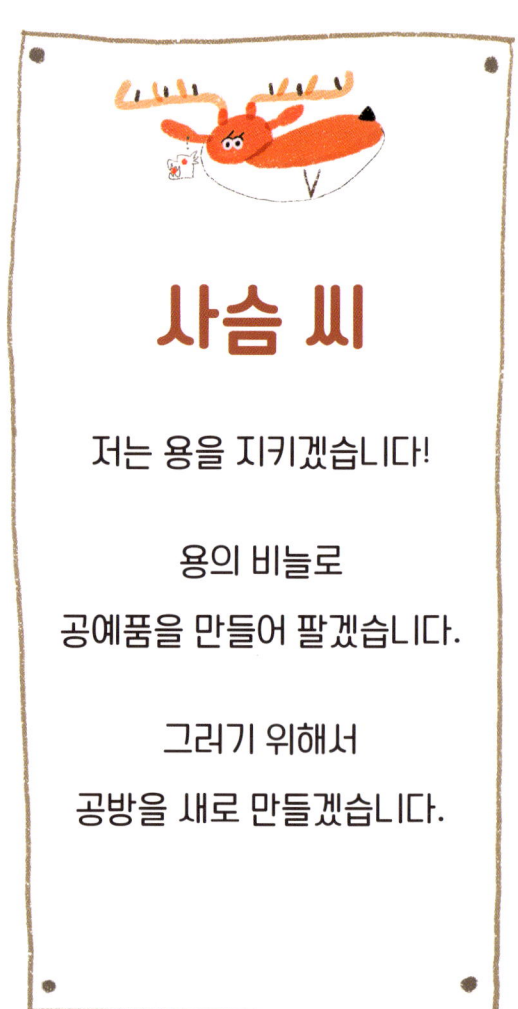

사슴 씨

저는 용을 지키겠습니다!

용의 비늘로 공예품을 만들어 팔겠습니다.

그러기 위해서 공방을 새로 만들겠습니다.

★ 각 의견의 좋은 점과 나쁜 점을 생각해 보세요.
★ 그런 다음, 어느 쪽 의견이 좋은지 선택해 보세요.

곰 씨에게 투표한 사람은
파란색 으로 표시된 페이지인
22쪽부터 31쪽까지
차례대로 읽어 보세요.

사슴 씨에게 투표한 사람은
빨간색 으로 표시된 페이지인
32쪽부터 41쪽까지
차례대로 읽어 보세요.

악어 씨가 선거 결과를 발표했어요.
"곰 씨가 당선됐습니다!"
곰 씨는 기뻐 어쩔 줄 몰랐어요.
곰 씨를 지지했던 동물들도 매우 기뻐했고요.
사슴 씨는 눈물을 훔치고, 곰 씨에게 축하 인사를 건넸어요.
"축하합니다. 폴리폴리 마을이 더 좋아지도록 힘써 주세요."
둘은 손을 꼭 맞잡았지요.

곰 씨는 약속대로 용을 쫓아내기로 했어요.
겨울에 용이 오지 못하도록 호수에 커다란 그물을 쳤지요.
"이제 관광객들이 겨울에도 오겠군."
"산에 스키장을 만들어 열 수 있겠어!"
"좋아, 투표로 결정했으니 당장 시작하자고!"

스키장 건설 공사가 시작되었어요.
늑대 씨는 길길이 날뛰었지요.
"산에 스키장을 만들면, 내가 벨 나무가 모두 사라지잖아!
대체 누가 멋대로 이런 결정을 한 거야!"

늑대 씨는 악어 씨를 찾아가 따졌어요.

악어 씨는 어처구니가 없었어요.

"늑대 씨, 용을 쫓아내고 겨울에도 관광객들을 불러들이기로
다 같이 투표로 결정했습니다.
스키장과 스케이트장도 새로 만들기로 했는데, 몰랐나요?"

"그걸 아무도 말해 주지 않았다고!"

"투표 같은 걸 왜 하느냐고 말해 놓고, 다 결정된 뒤에 불평해 봐야 아무 소용없어요."

늑대 씨는 부끄러워졌어요.

겨울이 되자, 스키장이 열리고 마을은 관광객들로 북적북적했어요.

"폴리폴리 마을은 겨울에도 어쩜 이리 멋질까!"

감탄하는 관광객들을 보자 마을 동물들은 어깨가 으쓱해졌지요.

늑대 씨도 스키장에 왔어요.

"늑대 씨, 장작은 잘 만들고 있나요?"

"응, 그럭저럭. 그건 그렇고, 다음 촌장 선거에는 내가 나갈 생각이야."

"네?"

모두들 화들짝 놀랐어요.

"이번 일로 선거가 얼마나 중요한지 알았거든.

촌장이 돼서 내가 소중히 여기는 산을 지키겠어. 잘 부탁해!"

늑대 씨의 다짐에 모두 큰 박수를 보냈어요.

악어 씨가 선거 결과를 발표했어요.
"사슴 씨가 당선됐습니다!"
사슴 씨는 기뻐 어쩔 줄 몰랐어요.
사슴 씨를 지지했던 동물들도 매우 기뻐했고요.
곰 씨는 눈물을 훔치고, 사슴 씨에게 축하 인사를 건넸어요.
"축하합니다. 폴리폴리 마을이 더 좋아지도록 힘써 주세요."
둘은 손을 꼭 맞잡았지요.

사슴 씨는 약속대로 용을 쫓아내지 않기로 했어요.
대신 마을에 훌륭한 공방을 지어 용 비늘로 반지나 귀걸이,
장식품 같은 공예품을 만들었어요.

용 비늘로 만든 공예품에 대한 소문은 순식간에 멀리멀리 퍼져 나갔고, 매우 비싼 값에 팔렸어요.

"우리 마을에만 있는 아주 귀한 보물이야."

마을 동물들은 뿌듯해했지요.

늑대 씨는 매일같이 호수 반대편에 있는 할머니 집에 다니면서 할머니를 돌보았어요. 할머니가 허리를 다쳐 꼼짝없이 침대에 누워 있어야 했으니까요.

"할머니, 괜찮으세요?"

"고맙구나. 날마다 먼 길 오느라 힘들지?"

"힘들긴요. 하지만 호수에 용만 없으면 얼음 위를 건너서 금방 올 수 있는데……."

"아이고, 그놈의 용만 없으면 좋으련만."

할머니는 한숨을 푹 내쉬었지요.

늑대 씨는 촌장이 된 사슴 씨를 찾아갔어요.
"이봐, 용 좀 쫓아내! 호수로 건너가면 할머니 집에 금방 간단 말이야!"
사슴 씨는 깜짝 놀랐어요.
"무슨 소리예요? 용 비늘을 얻을 수 있으니 쫓아내지 말자고,
다 같이 투표로 결정했잖아요? 다 결정된 뒤에 불평해 봐야 아무 소용없어요."
늑대 씨는 부끄러워졌어요.

마침내 용이 떠나는 봄이 왔어요.

용이 비늘을 잔뜩 떨어뜨리고 돌아가자, 마을 동물들은 모두 나와 용 비늘을 주웠어요.

그 자리에 늑대 씨도 왔어요.

"늑대 씨, 할머니 허리는 좀 어때요?"

"이제 다 나았어. 그런데 말이야, 나는 다음 촌장 선거에서 곰 씨를 지지하겠어!"

"네?"

모두들 화들짝 놀랐어요.

"이번 일로 선거가 얼마나 중요한지 알았거든.

생각해 보니까, 용을 쫓아내고 겨울에도 호수를 이용하는 게 좋겠어.

다음번에는 꼭 투표할 거야!"

늑대 씨의 다짐에 모두가 큰 박수를 보냈어요.

이 그림책을 아이들과 함께 읽는 어른들께

《소중한 한 표, 누구를 뽑을까?》를 읽어 주셔서 감사합니다. 이 책의 저자인 저는 대학에서 정치학을 연구하는 학자로 '교육 현장에서 정치를 어떻게 가르칠 것인가'라는 주제를 연구하고 있습니다.

선거권의 연령이 '만 18세'로 낮춰진 뒤로 어린이와 청소년에게 정치에 참여하는 방법을 가르치는 '유권자 선거 교육'이 확산되는 추세입니다. 그러나 현재의 유권자 선거 교육은 주로 중·고등학교에서만 이뤄질 뿐 초등학교에서는 아직 부족한 실정입니다.

정치에 관한 지식만을 가르친다면 만 18세에 가까운 중고생을 대상으로 해도 무방하겠지요. 그러나 주체적으로 정치에 참여하기 위해서는, 철저한 토론을 거친 끝에 최종적으로 합의를 도출하는 과정을 실천할 수 있어야 합니다. 자신의 의견을 분명하게 표명하고, 상대의 의견에도 귀 기울일 줄 알아야 하는 거지요. 의견이 대립될 때는 철저한 토론으로 이견을 좁혀야 하고요. 책임 있는 유권자로서 정치에 참여하기 위한 능력은 하루아침에 얻을 수 있는 게 아닙니다. 어릴 때부터 훈련을 통해 길러야 합니다.

이 책은 그러한 목적으로 기획되었습니다. 어린이들 스스로 생각하고, 행동하는 것을 전제로 만들었으니, 부디 휘리릭 읽고 덮어 버리지 않도록 지도해 주시기 바랍니다.

폴리폴리 마을에서는 매년 겨울이면 찾아오는 용을 쫓아낼 것인가, 쫓아내지 않고 이용할 것인가를 둘러싸고 의견이 갈라지자 촌장 선거를 통해 결정하기로 합니다. 이 책의 핵심은 용을 쫓아낼 것인가, 쫓아내지 않을 것인가를 독자인 어린이들이 스스로 생각하고, 스스로 결정할 수 있도록 한 것입니다. 선택에 따라 이야기가 달라지고, 폴리폴리 마을의 운명이 달라집니다.

읽어 주는 대상이 어린이 한 명일 때는 반드시 어린이 스스로 선택할 시간을 주고 기다려 주시기 바랍니다. 두 명 이상일 경우는 반드시 한 명, 한 명의 의견을 들은 뒤에 어린이들끼리 토론하도록 해 주세요. 학교처럼 숫자가 많을 때는 그룹으로 나눠 토론하고, 실제로 어린이들이 투표로 무언가를 결정하는 모의 선거를 해 보는 것도 좋을 것입니다.

이러한 과정을 통해서 어린이들이 '다른 사람의 생각이 자신과 반드시 같지는 않다는 것', '의견이 다른 사람을 이해시키거나, 모두가 받아들일 수 있는 결론을 이끌어 내기가 쉽지 않다는 것', '결국 하나의 의견으로 모으는 것이 중요하다는 점' 등을 배울 수 있기를 바랍니다.

이 책을 활용할 때는 다음과 같은 점을 주의하시기 바랍니다. 먼저, 절대로 어른이 결론을 내지 말고 어디까지나 어린이가 스스로 생각하고 선택하도록 해야 합니다. 어린이들이 시간을 들여 자기 나름의 답을 찾는 과정을 묵묵히 지켜봐 주세요.

어린이들이 생각을 정리하는 데 도움이 되도록 논점을 정리해 주거나, 생각의 물꼬를 터 줄 필요는 있습니다. "이 사람은 왜 이렇게 생각할까?", "이것의 장점과 단점은 뭐라고 생각해?" 등의 질문을 던져 어린이가 깊은 사고를 하고, 어린이들끼리 알찬 토론을 할 수 있도록 아이디어를 내는 것도 좋습니다.

또 선택에는 반드시 책임이 따른다는 점을 짚어 줘야 합니다. 만약 어린이가 "아무 쪽이나 괜찮아."라거나, 한 번 선택한 뒤에 "다시 이쪽으로 할게."라고 번복하거나, 혹은 "선거 같은 건 어떻게 되든 상관없어."라고 선거의 의의 자체를 부정한다면, 자신의 선택이 앞으로 사회 전체에 큰 영향을 끼치며, 선택하지 않는 것은 사회에 대한 발언권을 포기하는 의미라는 점 등을 이해시켜 주시기 바랍니다.

사회가 진보하기 위해서는 자유롭고 활발한 토론이 이뤄져야 하며, 그 바탕 위에서 민주적인 의사 결정이 이뤄져야 합니다. 모쪼록 이 책으로 배운 어린이들이 훗날 이 사회의 튼튼한 기둥이 되기를 마음을 다해 바라겠습니다.

마키타 준